BILAN

ACTIF	PASSIF
Actif Immobilisé	**Capitaux Propres**
Frais d'établissement	Capital
Immo. Corporelles	Primes d'émission
Immo. Incorporelles	Plus-value de réévaluation
Immo. Financières	Réserves légales
	Autres réserves
	Résultats raportés
	Subsides en capital
	Provisions pour risques & charges
Actif Circulant	**Dettes**
Créances à plus d'un an	Dettes à plus d'un an
Stocks	Dettes à moins d'un an
Créances à moins d'un an	Dettes commerciales
Trésorerie disponible	Dettes fiscales, salariales et sociales
Comptes de régularisations	Autres dettes
	Comptes de régularisations
TOTAL ACTIF	**TOTAL PASSIF**

COMPTE DE RESULTAT

Chiffre d'affaires	
Consommables	
Services extérieurs	
Charges Externes	
Impôts & Taxes	
Salaires & charges sociales	
Dotations aux amortissements	
Charges d'exploitation	
Résultat d'exploitation	
Charges financières	
Résultat financier	
Résultat Courant	
Impôts sur les bénéfices	
Résultat Net	

TABLEAU DE FLUX DE TRESORERIE

Solde initial de trésorerie (1)	
Ventes de produits/services	
Achats de marchandises	
Loyer	
Electricité	
Salaires	
Charges Sociales	
Paiement d'intérêts bancaires	
TVA	
Impôts	
= Flux de trésorerie opérationnels (2)	
Vente d'actifs immobilisés	
Achat d'actifs immobilisés	
= Flux de trésorerie d'investissement (3)	
Apport en capital	
Prêt bancaire	
Subvention	
Versement de dividendes	
Remboursement d'emprunt (capital)	
= Flux de trésorerie de financement (4)	
Solde final de trésorerie (1) + (2) + (3) + (4)	

BILAN

ACTIF	PASSIF
Actif Immobilisé	**Capitaux Propres**
Frais d'établissement	Capital
Immo. Corporelles	Primes d'émission
Immo. Incorporelles	Plus-value de réévaluation
Immo. Financières	Réserves légales
	Autres réserves
	Résultats raportés
	Subsides en capital
	Provisions pour risques & charges
Actif Circulant	**Dettes**
Créances à plus d'un an	Dettes à plus d'un an
Stocks	Dettes à moins d'un an
Créances à moins d'un an	Dettes commerciales
Trésorerie disponible	Dettes fiscales, salariales et sociales
Comptes de régularisations	Autres dettes
	Comptes de régularisations
TOTAL ACTIF	**TOTAL PASSIF**

COMPTE DE RESULTAT

Chiffre d'affaires	
Consommables	
Services extérieurs	
Charges Externes	
Impôts & Taxes	
Salaires & charges sociales	
Dotations aux amortissements	
Charges d'exploitation	
Résultat d'exploitation	
Charges financières	
Résultat financier	
Résultat Courant	
Impôts sur les bénéfices	
Résultat Net	

TABLEAU DE FLUX DE TRESORERIE

Solde initial de trésorerie (1)	
Ventes de produits/services	
Achats de marchandises	
Loyer	
Electricité	
Salaires	
Charges Sociales	
Paiement d'intérêts bancaires	
TVA	
Impôts	
= Flux de trésorerie opérationnels (2)	
Vente d'actifs immobilisés	
Achat d'actifs immobilisés	
= Flux de trésorerie d'investissement (3)	
Apport en capital	
Prêt bancaire	
Subvention	
Versement de dividendes	
Remboursement d'emprunt (capital)	
= Flux de trésorerie de financement (4)	
Solde final de trésorerie (1) + (2) + (3) + (4)	

<u>Informations/données:</u>

____
____
____
____
____
____
____

<u>BILAN</u>

ACTIF	**PASSIF**
Actif Immobilisé	**Capitaux Propres**
Frais d'établissement	Capital
Immo. Corporelles	Primes d'émission
Immo. Incorporelles	Plus-value de réévaluation
Immo. Financières	Réserves légales
	Autres réserves
	Résultats raportés
	Subsides en capital
	Provisions pour risques & charges
Actif Circulant	**Dettes**
Créances à plus d'un an	Dettes à plus d'un an
Stocks	Dettes à moins d'un an
Créances à moins d'un an	Dettes commerciales
Trésorerie disponible	Dettes fiscales, salariales et sociales
Comptes de régularisations	Autres dettes
	Comptes de régularisations
TOTAL ACTIF	**TOTAL PASSIF**

COMPTE DE RESULTAT

Chiffre d'affaires	
Consommables	
Services extérieurs	
Charges Externes	
Impôts & Taxes	
Salaires & charges sociales	
Dotations aux amortissements	
Charges d'exploitation	
Résultat d'exploitation	
Charges financières	
Résultat financier	
Résultat Courant	
Impôts sur les bénéfices	
Résultat Net	

TABLEAU DE FLUX DE TRESORERIE

Solde initial de trésorerie (1)	
Ventes de produits/services Achats de marchandises Loyer Electricité Salaires Charges Sociales Paiement d'intérêts bancaires TVA Impôts *= Flux de trésorerie opérationnels (2)*	
Vente d'actifs immobilisés Achat d'actifs immobilisés *= Flux de trésorerie d'investissement (3)*	
Apport en capital Prêt bancaire Subvention Versement de dividendes Remboursement d'emprunt (capital) *= Flux de trésorerie de financement (4)*	
Solde final de trésorerie (1) + (2) + (3) + (4)	

<u>Informations/données:</u>

____
____
____
____
____
____
____

<u>BILAN</u>

ACTIF	PASSIF
Actif Immobilisé	**Capitaux Propres**
Frais d'établissement	Capital
Immo. Corporelles	Primes d'émission
Immo. Incorporelles	Plus-value de réévaluation
Immo. Financières	Réserves légales
	Autres réserves
	Résultats raportés
	Subsides en capital
	Provisions pour risques & charges
Actif Circulant	**Dettes**
Créances à plus d'un an	Dettes à plus d'un an
Stocks	Dettes à moins d'un an
Créances à moins d'un an	Dettes commerciales
Trésorerie disponible	Dettes fiscales, salariales et sociales
Comptes de régularisations	Autres dettes
	Comptes de régularisations
TOTAL ACTIF	**TOTAL PASSIF**

COMPTE DE RESULTAT

Chiffre d'affaires	
Consommables	
Services extérieurs	
Charges Externes	
Impôts & Taxes	
Salaires & charges sociales	
Dotations aux amortissements	
Charges d'exploitation	
Résultat d'exploitation	
Charges financières	
Résultat financier	
Résultat Courant	
Impôts sur les bénéfices	
Résultat Net	

TABLEAU DE FLUX DE TRESORERIE

Solde initial de trésorerie (1)	
Ventes de produits/services	
Achats de marchandises	
Loyer	
Electricité	
Salaires	
Charges Sociales	
Paiement d'intérêts bancaires	
TVA	
Impôts	
= Flux de trésorerie opérationnels (2)	
Vente d'actifs immobilisés	
Achat d'actifs immobilisés	
= Flux de trésorerie d'investissement (3)	
Apport en capital	
Prêt bancaire	
Subvention	
Versement de dividendes	
Remboursement d'emprunt (capital)	
= Flux de trésorerie de financement (4)	
Solde final de trésorerie (1) + (2) + (3) + (4)	

____
____
____
____
____
____
____

BILAN

ACTIF	PASSIF
Actif Immobilisé	**Capitaux Propres**
Frais d'établissement	Capital
Immo. Corporelles	Primes d'émission
Immo. Incorporelles	Plus-value de réévaluation
Immo. Financières	Réserves légales
	Autres réserves
	Résultats raportés
	Subsides en capital
	Provisions pour risques & charges
Actif Circulant	**Dettes**
Créances à plus d'un an	Dettes à plus d'un an
Stocks	Dettes à moins d'un an
Créances à moins d'un an	Dettes commerciales
Trésorerie disponible	Dettes fiscales, salariales et sociales
Comptes de régularisations	Autres dettes
	Comptes de régularisations
TOTAL ACTIF	**TOTAL PASSIF**

COMPTE DE RESULTAT

Chiffre d'affaires	
Consommables	
Services extérieurs	
Charges Externes	
Impôts & Taxes	
Salaires & charges sociales	
Dotations aux amortissements	
Charges d'exploitation	
Résultat d'exploitation	
Charges financières	
Résultat financier	
Résultat Courant	
Impôts sur les bénéfices	
Résultat Net	

TABLEAU DE FLUX DE TRESORERIE

Solde initial de trésorerie (1)	
Ventes de produits/services	
Achats de marchandises	
Loyer	
Electricité	
Salaires	
Charges Sociales	
Paiement d'intérêts bancaires	
TVA	
Impôts	
= Flux de trésorerie opérationnels (2)	
Vente d'actifs immobilisés	
Achat d'actifs immobilisés	
= Flux de trésorerie d'investissement (3)	
Apport en capital	
Prêt bancaire	
Subvention	
Versement de dividendes	
Remboursement d'emprunt (capital)	
= Flux de trésorerie de financement (4)	
Solde final de trésorerie (1) + (2) + (3) + (4)	

<u>Informations/données:</u>

____
____
____
____
____
____
____

BILAN

ACTIF	PASSIF
Actif Immobilisé	**Capitaux Propres**
Frais d'établissement	Capital
Immo. Corporelles	Primes d'émission
Immo. Incorporelles	Plus-value de réévaluation
Immo. Financières	Réserves légales
	Autres réserves
	Résultats raportés
	Subsides en capital
	Provisions pour risques & charges
Actif Circulant	**Dettes**
Créances à plus d'un an	Dettes à plus d'un an
Stocks	Dettes à moins d'un an
Créances à moins d'un an	Dettes commerciales
Trésorerie disponible	Dettes fiscales, salariales et sociales
Comptes de régularisations	Autres dettes
	Comptes de régularisations
TOTAL ACTIF	**TOTAL PASSIF**

COMPTE DE RESULTAT

Chiffre d'affaires	
Consommables	
Services extérieurs	
Charges Externes	
Impôts & Taxes	
Salaires & charges sociales	
Dotations aux amortissements	
Charges d'exploitation	
Résultat d'exploitation	
Charges financières	
Résultat financier	
Résultat Courant	
Impôts sur les bénéfices	
Résultat Net	

TABLEAU DE FLUX DE TRESORERIE

Solde initial de trésorerie (1)	
Ventes de produits/services Achats de marchandises Loyer Electricité Salaires Charges Sociales Paiement d'intérêts bancaires TVA Impôts *= Flux de trésorerie opérationnels (2)*	
Vente d'actifs immobilisés Achat d'actifs immobilisés *= Flux de trésorerie d'investissement (3)*	
Apport en capital Prêt bancaire Subvention Versement de dividendes Remboursement d'emprunt (capital) *= Flux de trésorerie de financement (4)*	
Solde final de trésorerie (1) + (2) + (3) + (4)	

<u>Informations/données:</u>

____
____
____
____
____
____

<u>BILAN</u>

ACTIF	**PASSIF**
Actif Immobilisé	**Capitaux Propres**
Frais d'établissement	Capital
Immo. Corporelles	Primes d'émission
Immo. Incorporelles	Plus-value de réévaluation
Immo. Financières	Réserves légales
	Autres réserves
	Résultats raportés
	Subsides en capital
	Provisions pour risques & charges
Actif Circulant	**Dettes**
Créances à plus d'un an	Dettes à plus d'un an
Stocks	Dettes à moins d'un an
Créances à moins d'un an	Dettes commerciales
Trésorerie disponible	Dettes fiscales, salariales et sociales
Comptes de régularisations	Autres dettes
	Comptes de régularisations
TOTAL ACTIF	**TOTAL PASSIF**

COMPTE DE RESULTAT

Chiffre d'affaires	
Consommables	
Services extérieurs	
Charges Externes	
Impôts & Taxes	
Salaires & charges sociales	
Dotations aux amortissements	
Charges d'exploitation	
Résultat d'exploitation	
Charges financières	
Résultat financier	
Résultat Courant	
Impôts sur les bénéfices	
Résultat Net	

TABLEAU DE FLUX DE TRESORERIE

Solde initial de trésorerie (1)	
Ventes de produits/services Achats de marchandises Loyer Electricité Salaires Charges Sociales Paiement d'intérêts bancaires TVA Impôts *= Flux de trésorerie opérationnels (2)*	
Vente d'actifs immobilisés Achat d'actifs immobilisés *= Flux de trésorerie d'investissement (3)*	
Apport en capital Prêt bancaire Subvention Versement de dividendes Remboursement d'emprunt (capital) *= Flux de trésorerie de financement (4)*	
Solde final de trésorerie (1) + (2) + (3) + (4)	

<u>Informations/données:</u>

____
____
____
____
____
____
____

<u>BILAN</u>

ACTIF	**PASSIF**
Actif Immobilisé	**Capitaux Propres**
Frais d'établissement	Capital
Immo. Corporelles	Primes d'émission
Immo. Incorporelles	Plus-value de réévaluation
Immo. Financières	Réserves légales
	Autres réserves
	Résultats raportés
	Subsides en capital
	Provisions pour risques & charges
Actif Circulant	**Dettes**
Créances à plus d'un an	Dettes à plus d'un an
Stocks	Dettes à moins d'un an
Créances à moins d'un an	Dettes commerciales
Trésorerie disponible	Dettes fiscales, salariales et sociales
Comptes de régularisations	Autres dettes
	Comptes de régularisations
TOTAL ACTIF	**TOTAL PASSIF**

COMPTE DE RESULTAT

Chiffre d'affaires	
Consommables	
Services extérieurs	
Charges Externes	
Impôts & Taxes	
Salaires & charges sociales	
Dotations aux amortissements	
Charges d'exploitation	
Résultat d'exploitation	
Charges financières	
Résultat financier	
Résultat Courant	
Impôts sur les bénéfices	
Résultat Net	

TABLEAU DE FLUX DE TRESORERIE

Solde initial de trésorerie (1)	
Ventes de produits/services	
Achats de marchandises	
Loyer	
Electricité	
Salaires	
Charges Sociales	
Paiement d'intérêts bancaires	
TVA	
Impôts	
= Flux de trésorerie opérationnels (2)	
Vente d'actifs immobilisés	
Achat d'actifs immobilisés	
= Flux de trésorerie d'investissement (3)	
Apport en capital	
Prêt bancaire	
Subvention	
Versement de dividendes	
Remboursement d'emprunt (capital)	
= Flux de trésorerie de financement (4)	
Solde final de trésorerie (1) + (2) + (3) + (4)	

<u>Informations/données:</u>

____
____
____
____
____
____

<u>BILAN</u>

ACTIF	**PASSIF**
Actif Immobilisé	**Capitaux Propres**
Frais d'établissement	Capital
Immo. Corporelles	Primes d'émission
	Plus-value de réévaluation
Immo. Incorporelles	Réserves légales
	Autres réserves
Immo. Financières	Résultats raportés
	Subsides en capital
	Provisions pour risques & charges
Actif Circulant	**Dettes**
Créances à plus d'un an	Dettes à plus d'un an
Stocks	Dettes à moins d'un an
Créances à moins d'un an	Dettes commerciales
Trésorerie disponible	Dettes fiscales, salariales et sociales
Comptes de régularisations	Autres dettes
	Comptes de régularisations
TOTAL ACTIF	**TOTAL PASSIF**

COMPTE DE RESULTAT

Chiffre d'affaires	
Consommables	
Services extérieurs	
Charges Externes	
Impôts & Taxes	
Salaires & charges sociales	
Dotations aux amortissements	
Charges d'exploitation	
Résultat d'exploitation	
Charges financières	
Résultat financier	
Résultat Courant	
Impôts sur les bénéfices	
Résultat Net	

TABLEAU DE FLUX DE TRESORERIE

Solde initial de trésorerie (1)	
Ventes de produits/services Achats de marchandises Loyer Electricité Salaires Charges Sociales Paiement d'intérêts bancaires TVA Impôts *= Flux de trésorerie opérationnels (2)*	
Vente d'actifs immobilisés Achat d'actifs immobilisés *= Flux de trésorerie d'investissement (3)*	
Apport en capital Prêt bancaire Subvention Versement de dividendes Remboursement d'emprunt (capital) *= Flux de trésorerie de financement (4)*	
Solde final de trésorerie (1) + (2) + (3) + (4)	

____
____
____
____
____
____
____

BILAN

ACTIF	PASSIF
Actif Immobilisé	**Capitaux Propres**
Frais d'établissement	Capital
Immo. Corporelles	Primes d'émission
Immo. Incorporelles	Plus-value de réévaluation
Immo. Financières	Réserves légales
	Autres réserves
	Résultats raportés
	Subsides en capital
	Provisions pour risques & charges
Actif Circulant	**Dettes**
Créances à plus d'un an	Dettes à plus d'un an
Stocks	Dettes à moins d'un an
Créances à moins d'un an	Dettes commerciales
Trésorerie disponible	Dettes fiscales, salariales et sociales
Comptes de régularisations	Autres dettes
	Comptes de régularisations
TOTAL ACTIF	**TOTAL PASSIF**

COMPTE DE RESULTAT

Chiffre d'affaires	
Consommables	
Services extérieurs	
Charges Externes	
Impôts & Taxes	
Salaires & charges sociales	
Dotations aux amortissements	
Charges d'exploitation	
Résultat d'exploitation	
Charges financières	
Résultat financier	
Résultat Courant	
Impôts sur les bénéfices	
Résultat Net	

TABLEAU DE FLUX DE TRESORERIE

Solde initial de trésorerie (1)	
Ventes de produits/services	
Achats de marchandises	
Loyer	
Électricité	
Salaires	
Charges Sociales	
Paiement d'intérêts bancaires	
TVA	
Impôts	
= Flux de trésorerie opérationnels (2)	
Vente d'actifs immobilisés	
Achat d'actifs immobilisés	
= Flux de trésorerie d'investissement (3)	
Apport en capital	
Prêt bancaire	
Subvention	
Versement de dividendes	
Remboursement d'emprunt (capital)	
= Flux de trésorerie de financement (4)	
Solde final de trésorerie (1) + (2) + (3) + (4)	

BILAN

ACTIF	PASSIF
Actif Immobilisé	**Capitaux Propres**
Frais d'établissement	Capital
Immo. Corporelles	Primes d'émission
Immo. Incorporelles	Plus-value de réévaluation
Immo. Financières	Réserves légales
	Autres réserves
	Résultats raportés
	Subsides en capital
	Provisions pour risques & charges
Actif Circulant	**Dettes**
Créances à plus d'un an	Dettes à plus d'un an
Stocks	Dettes à moins d'un an
Créances à moins d'un an	Dettes commerciales
Trésorerie disponible	Dettes fiscales, salariales et sociales
Comptes de régularisations	Autres dettes
	Comptes de régularisations
TOTAL ACTIF	**TOTAL PASSIF**

COMPTE DE RESULTAT

Chiffre d'affaires	
Consommables	
Services extérieurs	
Charges Externes	
Impôts & Taxes	
Salaires & charges sociales	
Dotations aux amortissements	
Charges d'exploitation	
Résultat d'exploitation	
Charges financières	
Résultat financier	
Résultat Courant	
Impôts sur les bénéfices	
Résultat Net	

TABLEAU DE FLUX DE TRESORERIE

Solde initial de trésorerie (1)	
Ventes de produits/services	
Achats de marchandises	
Loyer	
Electricité	
Salaires	
Charges Sociales	
Paiement d'intérêts bancaires	
TVA	
Impôts	
= Flux de trésorerie opérationnels (2)	
Vente d'actifs immobilisés	
Achat d'actifs immobilisés	
= Flux de trésorerie d'investissement (3)	
Apport en capital	
Prêt bancaire	
Subvention	
Versement de dividendes	
Remboursement d'emprunt (capital)	
= Flux de trésorerie de financement (4)	
Solde final de trésorerie (1) + (2) + (3) + (4)	

<u>Informations/données:</u>

____
____
____
____
____
____
____

BILAN

ACTIF	PASSIF
Actif Immobilisé	**Capitaux Propres**
Frais d'établissement	Capital
Immo. Corporelles	Primes d'émission
Immo. Incorporelles	Plus-value de réévaluation
Immo. Financières	Réserves légales
	Autres réserves
	Résultats raportés
	Subsides en capital
	Provisions pour risques & charges
Actif Circulant	**Dettes**
Créances à plus d'un an	Dettes à plus d'un an
Stocks	Dettes à moins d'un an
Créances à moins d'un an	Dettes commerciales
Trésorerie disponible	Dettes fiscales, salariales et sociales
Comptes de régularisations	Autres dettes
	Comptes de régularisations
TOTAL ACTIF	**TOTAL PASSIF**

COMPTE DE RESULTAT

Chiffre d'affaires	
Consommables	
Services extérieurs	
Charges Externes	
Impôts & Taxes	
Salaires & charges sociales	
Dotations aux amortissements	
Charges d'exploitation	
Résultat d'exploitation	
Charges financières	
Résultat financier	
Résultat Courant	
Impôts sur les bénéfices	
Résultat Net	

TABLEAU DE FLUX DE TRESORERIE

Solde initial de trésorerie (1)	
Ventes de produits/services Achats de marchandises Loyer Electricité Salaires Charges Sociales Paiement d'intérêts bancaires TVA Impôts *= Flux de trésorerie opérationnels (2)*	
Vente d'actifs immobilisés Achat d'actifs immobilisés *= Flux de trésorerie d'investissement (3)*	
Apport en capital Prêt bancaire Subvention Versement de dividendes Remboursement d'emprunt (capital) *= Flux de trésorerie de financement (4)*	
Solde final de trésorerie (1) + (2) + (3) + (4)	

<u>Informations/données:</u>

____
____
____
____
____
____
____

BILAN

ACTIF	PASSIF
Actif Immobilisé	**Capitaux Propres**
Frais d'établissement	Capital
Immo. Corporelles	Primes d'émission
Immo. Incorporelles	Plus-value de réévaluation
Immo. Financières	Réserves légales
	Autres réserves
	Résultats raportés
	Subsides en capital
	Provisions pour risques & charges
Actif Circulant	**Dettes**
Créances à plus d'un an	Dettes à plus d'un an
Stocks	Dettes à moins d'un an
Créances à moins d'un an	Dettes commerciales
Trésorerie disponible	Dettes fiscales, salariales et sociales
Comptes de régularisations	Autres dettes
	Comptes de régularisations
TOTAL ACTIF	**TOTAL PASSIF**

COMPTE DE RESULTAT

Chiffre d'affaires	
Consommables	
Services extérieurs	
Charges Externes	
Impôts & Taxes	
Salaires & charges sociales	
Dotations aux amortissements	
Charges d'exploitation	
Résultat d'exploitation	
Charges financières	
Résultat financier	
Résultat Courant	
Impôts sur les bénéfices	
Résultat Net	

TABLEAU DE FLUX DE TRESORERIE

Solde initial de trésorerie (1)	
Ventes de produits/services Achats de marchandises Loyer Electricité Salaires Charges Sociales Paiement d'intérêts bancaires TVA Impôts *= Flux de trésorerie opérationnels (2)*	
Vente d'actifs immobilisés Achat d'actifs immobilisés *= Flux de trésorerie d'investissement (3)*	
Apport en capital Prêt bancaire Subvention Versement de dividendes Remboursement d'emprunt (capital) *= Flux de trésorerie de financement (4)*	
Solde final de trésorerie (1) + (2) + (3) + (4)	

____
____
____
____
____
____

BILAN

ACTIF	**PASSIF**
Actif Immobilisé	**Capitaux Propres**
Frais d'établissement	Capital
Immo. Corporelles	Primes d'émission
Immo. Incorporelles	Plus-value de réévaluation
Immo. Financières	Réserves légales
	Autres réserves
	Résultats raportés
	Subsides en capital
	Provisions pour risques & charges
Actif Circulant	**Dettes**
Créances à plus d'un an	Dettes à plus d'un an
Stocks	Dettes à moins d'un an
Créances à moins d'un an	Dettes commerciales
Trésorerie disponible	Dettes fiscales, salariales et sociales
Comptes de régularisations	Autres dettes
	Comptes de régularisations
TOTAL ACTIF	**TOTAL PASSIF**

COMPTE DE RESULTAT

Chiffre d'affaires	
Consommables	
Services extérieurs	
Charges Externes	
Impôts & Taxes	
Salaires & charges sociales	
Dotations aux amortissements	
Charges d'exploitation	
Résultat d'exploitation	
Charges financières	
Résultat financier	
Résultat Courant	
Impôts sur les bénéfices	
Résultat Net	

TABLEAU DE FLUX DE TRESORERIE

Solde initial de trésorerie (1)	
Ventes de produits/services Achats de marchandises Loyer Electricité Salaires Charges Sociales Paiement d'intérêts bancaires TVA Impôts ***= Flux de trésorerie opérationnels (2)***	
Vente d'actifs immobilisés Achat d'actifs immobilisés ***= Flux de trésorerie d'investissement (3)***	
Apport en capital Prêt bancaire Subvention Versement de dividendes Remboursement d'emprunt (capital) ***= Flux de trésorerie de financement (4)***	
Solde final de trésorerie (1) + (2) + (3) + (4)	

<u>Informations/données:</u>

____
____
____
____
____
____

<u>BILAN</u>

ACTIF	**PASSIF**
Actif Immobilisé	**Capitaux Propres**
Frais d'établissement	Capital
Immo. Corporelles	Primes d'émission
Immo. Incorporelles	Plus-value de réévaluation
Immo. Financières	Réserves légales
	Autres réserves
	Résultats raportés
	Subsides en capital
	Provisions pour risques & charges
Actif Circulant	**Dettes**
Créances à plus d'un an	Dettes à plus d'un an
Stocks	Dettes à moins d'un an
Créances à moins d'un an	Dettes commerciales
Trésorerie disponible	Dettes fiscales, salariales et sociales
Comptes de régularisations	Autres dettes
	Comptes de régularisations
TOTAL ACTIF	**TOTAL PASSIF**

COMPTE DE RESULTAT

Chiffre d'affaires	
Consommables	
Services extérieurs	
Charges Externes	
Impôts & Taxes	
Salaires & charges sociales	
Dotations aux amortissements	
Charges d'exploitation	
Résultat d'exploitation	
Charges financières	
Résultat financier	
Résultat Courant	
Impôts sur les bénéfices	
Résultat Net	

TABLEAU DE FLUX DE TRESORERIE

Solde initial de trésorerie (1)	
Ventes de produits/services	
Achats de marchandises	
Loyer	
Electricité	
Salaires	
Charges Sociales	
Paiement d'intérêts bancaires	
TVA	
Impôts	
= Flux de trésorerie opérationnels (2)	
Vente d'actifs immobilisés	
Achat d'actifs immobilisés	
= Flux de trésorerie d'investissement (3)	
Apport en capital	
Prêt bancaire	
Subvention	
Versement de dividendes	
Remboursement d'emprunt (capital)	
= Flux de trésorerie de financement (4)	
Solde final de trésorerie (1) + (2) + (3) + (4)	

BILAN

ACTIF	PASSIF
Actif Immobilisé	**Capitaux Propres**
Frais d'établissement	Capital
Immo. Corporelles	Primes d'émission
Immo. Incorporelles	Plus-value de réévaluation
Immo. Financières	Réserves légales
	Autres réserves
	Résultats raportés
	Subsides en capital
	Provisions pour risques & charges
Actif Circulant	**Dettes**
Créances à plus d'un an	Dettes à plus d'un an
Stocks	Dettes à moins d'un an
Créances à moins d'un an	Dettes commerciales
Trésorerie disponible	Dettes fiscales, salariales et sociales
Comptes de régularisations	Autres dettes
	Comptes de régularisations
TOTAL ACTIF	**TOTAL PASSIF**

COMPTE DE RESULTAT

Chiffre d'affaires	
Consommables	
Services extérieurs	
Charges Externes	
Impôts & Taxes	
Salaires & charges sociales	
Dotations aux amortissements	
Charges d'exploitation	
Résultat d'exploitation	
Charges financières	
Résultat financier	
Résultat Courant	
Impôts sur les bénéfices	
Résultat Net	

TABLEAU DE FLUX DE TRESORERIE

Solde initial de trésorerie (1)	
Ventes de produits/services	
Achats de marchandises	
Loyer	
Electricité	
Salaires	
Charges Sociales	
Paiement d'intérêts bancaires	
TVA	
Impôts	
= Flux de trésorerie opérationnels (2)	
Vente d'actifs immobilisés	
Achat d'actifs immobilisés	
= Flux de trésorerie d'investissement (3)	
Apport en capital	
Prêt bancaire	
Subvention	
Versement de dividendes	
Remboursement d'emprunt (capital)	
= Flux de trésorerie de financement (4)	
Solde final de trésorerie (1) + (2) + (3) + (4)	

<u>Informations/données:</u>

____
____
____
____
____
____
____

<u>BILAN</u>

ACTIF	**PASSIF**
Actif Immobilisé	**Capitaux Propres**
Frais d'établissement	Capital
Immo. Corporelles	Primes d'émission
Immo. Incorporelles	Plus-value de réévaluation
Immo. Financières	Réserves légales
	Autres réserves
	Résultats raportés
	Subsides en capital
	Provisions pour risques & charges
Actif Circulant	**Dettes**
Créances à plus d'un an	Dettes à plus d'un an
Stocks	Dettes à moins d'un an
Créances à moins d'un an	Dettes commerciales
Trésorerie disponible	Dettes fiscales, salariales et sociales
Comptes de régularisations	Autres dettes
	Comptes de régularisations
TOTAL ACTIF	**TOTAL PASSIF**

COMPTE DE RESULTAT

Chiffre d'affaires	
Consommables	
Services extérieurs	
Charges Externes	
Impôts & Taxes	
Salaires & charges sociales	
Dotations aux amortissements	
Charges d'exploitation	
Résultat d'exploitation	
Charges financières	
Résultat financier	
Résultat Courant	
Impôts sur les bénéfices	
Résultat Net	

TABLEAU DE FLUX DE TRESORERIE

Solde initial de trésorerie (1)	
Ventes de produits/services Achats de marchandises Loyer Electricité Salaires Charges Sociales Paiement d'intérêts bancaires TVA Impôts *= Flux de trésorerie opérationnels (2)*	
Vente d'actifs immobilisés Achat d'actifs immobilisés *= Flux de trésorerie d'investissement (3)*	
Apport en capital Prêt bancaire Subvention Versement de dividendes Remboursement d'emprunt (capital) *= Flux de trésorerie de financement (4)*	
Solde final de trésorerie (1) + (2) + (3) + (4)	

____
____
____
____
____
____
____

BILAN

ACTIF	PASSIF
Actif Immobilisé	**Capitaux Propres**
Frais d'établissement	Capital
Immo. Corporelles	Primes d'émission
Immo. Incorporelles	Plus-value de réévaluation
Immo. Financières	Réserves légales
	Autres réserves
	Résultats raportés
	Subsides en capital
	Provisions pour risques & charges
Actif Circulant	**Dettes**
Créances à plus d'un an	Dettes à plus d'un an
Stocks	Dettes à moins d'un an
Créances à moins d'un an	Dettes commerciales
Trésorerie disponible	Dettes fiscales, salariales et sociales
Comptes de régularisations	Autres dettes
	Comptes de régularisations
TOTAL ACTIF	**TOTAL PASSIF**

COMPTE DE RESULTAT

Chiffre d'affaires	
Consommables	
Services extérieurs	
Charges Externes	
Impôts & Taxes	
Salaires & charges sociales	
Dotations aux amortissements	
Charges d'exploitation	
Résultat d'exploitation	
Charges financières	
Résultat financier	
Résultat Courant	
Impôts sur les bénéfices	
Résultat Net	

TABLEAU DE FLUX DE TRESORERIE

Solde initial de trésorerie (1)	
Ventes de produits/services Achats de marchandises Loyer Electricité Salaires Charges Sociales Paiement d'intérêts bancaires TVA Impôts *= Flux de trésorerie opérationnels (2)*	
Vente d'actifs immobilisés Achat d'actifs immobilisés *= Flux de trésorerie d'investissement (3)*	
Apport en capital Prêt bancaire Subvention Versement de dividendes Remboursement d'emprunt (capital) *= Flux de trésorerie de financement (4)*	
Solde final de trésorerie (1) + (2) + (3) + (4)	

<u>Informations/données:</u>

____
____
____
____
____
____
____

BILAN

ACTIF	PASSIF
Actif Immobilisé	**Capitaux Propres**
Frais d'établissement	Capital
Immo. Corporelles	Primes d'émission
Immo. Incorporelles	Plus-value de réévaluation
Immo. Financières	Réserves légales
	Autres réserves
	Résultats raportés
	Subsides en capital
	Provisions pour risques & charges
Actif Circulant	**Dettes**
Créances à plus d'un an	Dettes à plus d'un an
Stocks	Dettes à moins d'un an
Créances à moins d'un an	Dettes commerciales
Trésorerie disponible	Dettes fiscales, salariales et sociales
Comptes de régularisations	Autres dettes
	Comptes de régularisations
TOTAL ACTIF	**TOTAL PASSIF**

COMPTE DE RESULTAT

Chiffre d'affaires	
Consommables	
Services extérieurs	
Charges Externes	
Impôts & Taxes	
Salaires & charges sociales	
Dotations aux amortissements	
Charges d'exploitation	
Résultat d'exploitation	
Charges financières	
Résultat financier	
Résultat Courant	
Impôts sur les bénéfices	
Résultat Net	

TABLEAU DE FLUX DE TRESORERIE

Solde initial de trésorerie (1)	
Ventes de produits/services	
Achats de marchandises	
Loyer	
Electricité	
Salaires	
Charges Sociales	
Paiement d'intérêts bancaires	
TVA	
Impôts	
= Flux de trésorerie opérationnels (2)	
Vente d'actifs immobilisés	
Achat d'actifs immobilisés	
= Flux de trésorerie d'investissement (3)	
Apport en capital	
Prêt bancaire	
Subvention	
Versement de dividendes	
Remboursement d'emprunt (capital)	
= Flux de trésorerie de financement (4)	
Solde final de trésorerie (1) + (2) + (3) + (4)	

<u>Informations/données:</u>

____
____
____
____
____
____

<u>BILAN</u>

ACTIF	**PASSIF**
Actif Immobilisé	**Capitaux Propres**
Frais d'établissement	Capital
Immo. Corporelles	Primes d'émission
Immo. Incorporelles	Plus-value de réévaluation
Immo. Financières	Réserves légales
	Autres réserves
	Résultats raportés
	Subsides en capital
	Provisions pour risques & charges
Actif Circulant	**Dettes**
Créances à plus d'un an	Dettes à plus d'un an
Stocks	Dettes à moins d'un an
Créances à moins d'un an	Dettes commerciales
Trésorerie disponible	Dettes fiscales, salariales et sociales
Comptes de régularisations	Autres dettes
	Comptes de régularisations
TOTAL ACTIF	**TOTAL PASSIF**

COMPTE DE RESULTAT

Chiffre d'affaires	
Consommables	
Services extérieurs	
Charges Externes	
Impôts & Taxes	
Salaires & charges sociales	
Dotations aux amortissements	
Charges d'exploitation	
Résultat d'exploitation	
Charges financières	
Résultat financier	
Résultat Courant	
Impôts sur les bénéfices	
Résultat Net	

TABLEAU DE FLUX DE TRESORERIE

Solde initial de trésorerie (1)	
Ventes de produits/services Achats de marchandises Loyer Electricité Salaires Charges Sociales Paiement d'intérêts bancaires TVA Impôts ***= Flux de trésorerie opérationnels (2)***	
Vente d'actifs immobilisés Achat d'actifs immobilisés ***= Flux de trésorerie d'investissement (3)***	
Apport en capital Prêt bancaire Subvention Versement de dividendes Remboursement d'emprunt (capital) ***= Flux de trésorerie de financement (4)***	
Solde final de trésorerie (1) + (2) + (3) + (4)	

<u>Informations/données:</u>

____
____
____
____
____
____
____

BILAN

ACTIF	PASSIF
Actif Immobilisé	**Capitaux Propres**
Frais d'établissement	Capital
Immo. Corporelles	Primes d'émission
Immo. Incorporelles	Plus-value de réévaluation
Immo. Financières	Réserves légales
	Autres réserves
	Résultats raportés
	Subsides en capital
	Provisions pour risques & charges
Actif Circulant	**Dettes**
Créances à plus d'un an	Dettes à plus d'un an
Stocks	Dettes à moins d'un an
Créances à moins d'un an	Dettes commerciales
Trésorerie disponible	Dettes fiscales, salariales et sociales
Comptes de régularisations	Autres dettes
	Comptes de régularisations
TOTAL ACTIF	**TOTAL PASSIF**

COMPTE DE RESULTAT

Chiffre d'affaires	
Consommables	
Services extérieurs	
Charges Externes	
Impôts & Taxes	
Salaires & charges sociales	
Dotations aux amortissements	
Charges d'exploitation	
Résultat d'exploitation	
Charges financières	
Résultat financier	
Résultat Courant	
Impôts sur les bénéfices	
Résultat Net	

TABLEAU DE FLUX DE TRESORERIE

Solde initial de trésorerie (1)	
Ventes de produits/services	
Achats de marchandises	
Loyer	
Electricité	
Salaires	
Charges Sociales	
Paiement d'intérêts bancaires	
TVA	
Impôts	
= Flux de trésorerie opérationnels (2)	
Vente d'actifs immobilisés	
Achat d'actifs immobilisés	
= Flux de trésorerie d'investissement (3)	
Apport en capital	
Prêt bancaire	
Subvention	
Versement de dividendes	
Remboursement d'emprunt (capital)	
= Flux de trésorerie de financement (4)	
Solde final de trésorerie (1) + (2) + (3) + (4)	

BILAN

ACTIF	PASSIF
Actif Immobilisé	**Capitaux Propres**
Frais d'établissement	Capital
Immo. Corporelles	Primes d'émission
Immo. Incorporelles	Plus-value de réévaluation
Immo. Financières	Réserves légales
	Autres réserves
	Résultats raportés
	Subsides en capital
	Provisions pour risques & charges
Actif Circulant	**Dettes**
Créances à plus d'un an	Dettes à plus d'un an
Stocks	Dettes à moins d'un an
Créances à moins d'un an	Dettes commerciales
Trésorerie disponible	Dettes fiscales, salariales et sociales
Comptes de régularisations	Autres dettes
	Comptes de régularisations
TOTAL ACTIF	**TOTAL PASSIF**

COMPTE DE RESULTAT

Chiffre d'affaires	
Consommables	
Services extérieurs	
Charges Externes	
Impôts & Taxes	
Salaires & charges sociales	
Dotations aux amortissements	
Charges d'exploitation	
Résultat d'exploitation	
Charges financières	
Résultat financier	
Résultat Courant	
Impôts sur les bénéfices	
Résultat Net	

TABLEAU DE FLUX DE TRESORERIE

Solde initial de trésorerie (1)	
Ventes de produits/services Achats de marchandises Loyer Electricité Salaires Charges Sociales Paiement d'intérêts bancaires TVA Impôts *= Flux de trésorerie opérationnels (2)*	
Vente d'actifs immobilisés Achat d'actifs immobilisés *= Flux de trésorerie d'investissement (3)*	
Apport en capital Prêt bancaire Subvention Versement de dividendes Remboursement d'emprunt (capital) *= Flux de trésorerie de financement (4)*	
Solde final de trésorerie (1) + (2) + (3) + (4)	

Informations/données:

____
____
____
____
____
____
____

BILAN

ACTIF	**PASSIF**
Actif Immobilisé	**Capitaux Propres**
Frais d'établissement	Capital
Immo. Corporelles	Primes d'émission
Immo. Incorporelles	Plus-value de réévaluation
Immo. Financières	Réserves légales
	Autres réserves
	Résultats raportés
	Subsides en capital
	Provisions pour risques & charges
Actif Circulant	**Dettes**
Créances à plus d'un an	Dettes à plus d'un an
Stocks	Dettes à moins d'un an
Créances à moins d'un an	Dettes commerciales
Trésorerie disponible	Dettes fiscales, salariales et sociales
Comptes de régularisations	Autres dettes
	Comptes de régularisations
TOTAL ACTIF	**TOTAL PASSIF**

COMPTE DE RESULTAT

Chiffre d'affaires	
Consommables	
Services extérieurs	
Charges Externes	
Impôts & Taxes	
Salaires & charges sociales	
Dotations aux amortissements	
Charges d'exploitation	
Résultat d'exploitation	
Charges financières	
Résultat financier	
Résultat Courant	
Impôts sur les bénéfices	
Résultat Net	

TABLEAU DE FLUX DE TRESORERIE

Solde initial de trésorerie (1)	
Ventes de produits/services Achats de marchandises Loyer Electricité Salaires Charges Sociales Paiement d'intérêts bancaires TVA Impôts *= Flux de trésorerie opérationnels (2)*	
Vente d'actifs immobilisés Achat d'actifs immobilisés *= Flux de trésorerie d'investissement (3)*	
Apport en capital Prêt bancaire Subvention Versement de dividendes Remboursement d'emprunt (capital) *= Flux de trésorerie de financement (4)*	
Solde final de trésorerie (1) + (2) + (3) + (4)	

____
____
____
____
____
____
____

<u>BILAN</u>

ACTIF	**PASSIF**
Actif Immobilisé	**Capitaux Propres**
Frais d'établissement	Capital
Immo. Corporelles	Primes d'émission
Immo. Incorporelles	Plus-value de réévaluation
Immo. Financières	Réserves légales
	Autres réserves
	Résultats raportés
	Subsides en capital
	Provisions pour risques & charges
Actif Circulant	**Dettes**
Créances à plus d'un an	Dettes à plus d'un an
Stocks	Dettes à moins d'un an
Créances à moins d'un an	Dettes commerciales
Trésorerie disponible	Dettes fiscales, salariales et sociales
Comptes de régularisations	Autres dettes
	Comptes de régularisations
TOTAL ACTIF	**TOTAL PASSIF**

COMPTE DE RESULTAT

Chiffre d'affaires	
Consommables	
Services extérieurs	
Charges Externes	
Impôts & Taxes	
Salaires & charges sociales	
Dotations aux amortissements	
Charges d'exploitation	
Résultat d'exploitation	
Charges financières	
Résultat financier	
Résultat Courant	
Impôts sur les bénéfices	
Résultat Net	

TABLEAU DE FLUX DE TRESORERIE

Solde initial de trésorerie (1)	
Ventes de produits/services Achats de marchandises Loyer Electricité Salaires Charges Sociales Paiement d'intérêts bancaires TVA Impôts *= Flux de trésorerie opérationnels (2)*	
Vente d'actifs immobilisés Achat d'actifs immobilisés *= Flux de trésorerie d'investissement (3)*	
Apport en capital Prêt bancaire Subvention Versement de dividendes Remboursement d'emprunt (capital) *= Flux de trésorerie de financement (4)*	
Solde final de trésorerie (1) + (2) + (3) + (4)	

<u>Informations/données:</u>

____

____

____

____

____

____

BILAN

ACTIF	PASSIF
Actif Immobilisé	**Capitaux Propres**
Frais d'établissement	Capital
Immo. Corporelles	Primes d'émission
	Plus-value de réévaluation
Immo. Incorporelles	Réserves légales
	Autres réserves
Immo. Financières	Résultats raportés
	Subsides en capital
	Provisions pour risques & charges
Actif Circulant	**Dettes**
Créances à plus d'un an	Dettes à plus d'un an
Stocks	Dettes à moins d'un an
Créances à moins d'un an	Dettes commerciales
Trésorerie disponible	Dettes fiscales, salariales et sociales
Comptes de régularisations	Autres dettes
	Comptes de régularisations
TOTAL ACTIF	**TOTAL PASSIF**

COMPTE DE RESULTAT

Chiffre d'affaires	
Consommables	
Services extérieurs	
Charges Externes	
Impôts & Taxes	
Salaires & charges sociales	
Dotations aux amortissements	
Charges d'exploitation	
Résultat d'exploitation	
Charges financières	
Résultat financier	
Résultat Courant	
Impôts sur les bénéfices	
Résultat Net	

TABLEAU DE FLUX DE TRESORERIE

Solde initial de trésorerie (1)	
Ventes de produits/services	
Achats de marchandises	
Loyer	
Electricité	
Salaires	
Charges Sociales	
Paiement d'intérêts bancaires	
TVA	
Impôts	
= Flux de trésorerie opérationnels (2)	
Vente d'actifs immobilisés	
Achat d'actifs immobilisés	
= Flux de trésorerie d'investissement (3)	
Apport en capital	
Prêt bancaire	
Subvention	
Versement de dividendes	
Remboursement d'emprunt (capital)	
= Flux de trésorerie de financement (4)	
Solde final de trésorerie (1) + (2) + (3) + (4)	

____
____
____
____
____
____
____

BILAN

ACTIF	PASSIF
Actif Immobilisé	**Capitaux Propres**
Frais d'établissement	Capital
Immo. Corporelles	Primes d'émission
Immo. Incorporelles	Plus-value de réévaluation
Immo. Financières	Réserves légales
	Autres réserves
	Résultats raportés
	Subsides en capital
	Provisions pour risques & charges
Actif Circulant	**Dettes**
Créances à plus d'un an	Dettes à plus d'un an
Stocks	Dettes à moins d'un an
Créances à moins d'un an	Dettes commerciales
Trésorerie disponible	Dettes fiscales, salariales et sociales
Comptes de régularisations	Autres dettes
	Comptes de régularisations
TOTAL ACTIF	**TOTAL PASSIF**

COMPTE DE RESULTAT

Chiffre d'affaires	
Consommables	
Services extérieurs	
Charges Externes	
Impôts & Taxes	
Salaires & charges sociales	
Dotations aux amortissements	
Charges d'exploitation	
Résultat d'exploitation	
Charges financières	
Résultat financier	
Résultat Courant	
Impôts sur les bénéfices	
Résultat Net	

TABLEAU DE FLUX DE TRESORERIE

Solde initial de trésorerie (1)	
Ventes de produits/services	
Achats de marchandises	
Loyer	
Electricité	
Salaires	
Charges Sociales	
Paiement d'intérêts bancaires	
TVA	
Impôts	
= Flux de trésorerie opérationnels (2)	
Vente d'actifs immobilisés	
Achat d'actifs immobilisés	
= Flux de trésorerie d'investissement (3)	
Apport en capital	
Prêt bancaire	
Subvention	
Versement de dividendes	
Remboursement d'emprunt (capital)	
= Flux de trésorerie de financement (4)	
Solde final de trésorerie (1) + (2) + (3) + (4)	

BILAN

ACTIF	PASSIF
Actif Immobilisé	**Capitaux Propres**
Frais d'établissement	Capital
Immo. Corporelles	Primes d'émission
Immo. Incorporelles	Plus-value de réévaluation
Immo. Financières	Réserves légales
	Autres réserves
	Résultats raportés
	Subsides en capital
	Provisions pour risques & charges
Actif Circulant	**Dettes**
Créances à plus d'un an	Dettes à plus d'un an
Stocks	Dettes à moins d'un an
Créances à moins d'un an	Dettes commerciales
Trésorerie disponible	Dettes fiscales, salariales et sociales
Comptes de régularisations	Autres dettes
	Comptes de régularisations
TOTAL ACTIF	**TOTAL PASSIF**

COMPTE DE RESULTAT

Chiffre d'affaires	
Consommables	
Services extérieurs	
Charges Externes	
Impôts & Taxes	
Salaires & charges sociales	
Dotations aux amortissements	
Charges d'exploitation	
Résultat d'exploitation	
Charges financières	
Résultat financier	
Résultat Courant	
Impôts sur les bénéfices	
Résultat Net	

TABLEAU DE FLUX DE TRESORERIE

Solde initial de trésorerie (1)	
Ventes de produits/services	
Achats de marchandises	
Loyer	
Electricité	
Salaires	
Charges Sociales	
Paiement d'intérêts bancaires	
TVA	
Impôts	
= Flux de trésorerie opérationnels (2)	
Vente d'actifs immobilisés	
Achat d'actifs immobilisés	
= Flux de trésorerie d'investissement (3)	
Apport en capital	
Prêt bancaire	
Subvention	
Versement de dividendes	
Remboursement d'emprunt (capital)	
= Flux de trésorerie de financement (4)	
Solde final de trésorerie (1) + (2) + (3) + (4)	

BILAN

<table>
<tr><th>ACTIF</th><th>PASSIF</th></tr>
<tr><td>Actif Immobilisé
Frais d'établissement
Immo. Corporelles
Immo. Incorporelles
Immo. Financières</td><td>Capitaux Propres
Capital
Primes d'émission
Plus-value de réévaluation
Réserves légales
Autres réserves
Résultats raportés
Subsides en capital
Provisions pour risques & charges</td></tr>
<tr><td>Actif Circulant
Créances à plus d'un an
Stocks
Créances à moins d'un an
Trésorerie disponible
Comptes de régularisations</td><td>Dettes
Dettes à plus d'un an
Dettes à moins d'un an
Dettes commerciales
Dettes fiscales, salariales et sociales
Autres dettes
Comptes de régularisations</td></tr>
<tr><td>TOTAL ACTIF</td><td>TOTAL PASSIF</td></tr>
</table>

COMPTE DE RESULTAT

Chiffre d'affaires	
Consommables	
Services extérieurs	
Charges Externes	
Impôts & Taxes	
Salaires & charges sociales	
Dotations aux amortissements	
Charges d'exploitation	
Résultat d'exploitation	
Charges financières	
Résultat financier	
Résultat Courant	
Impôts sur les bénéfices	
Résultat Net	

TABLEAU DE FLUX DE TRESORERIE

Solde initial de trésorerie (1)	
Ventes de produits/services Achats de marchandises Loyer Electricité Salaires Charges Sociales Paiement d'intérêts bancaires TVA Impôts *= Flux de trésorerie opérationnels (2)*	
Vente d'actifs immobilisés Achat d'actifs immobilisés *= Flux de trésorerie d'investissement (3)*	
Apport en capital Prêt bancaire Subvention Versement de dividendes Remboursement d'emprunt (capital) *= Flux de trésorerie de financement (4)*	
Solde final de trésorerie (1) + (2) + (3) + (4)	

____

____

____

____

____

____

BILAN

<table>
<tr><th>ACTIF</th><th>PASSIF</th></tr>
<tr><td>

Actif Immobilisé

Frais d'établissement

Immo. Corporelles

Immo. Incorporelles

Immo. Financières

</td><td>

Capitaux Propres

Capital

Primes d'émission

Plus-value de réévaluation

Réserves légales

Autres réserves

Résultats raportés

Subsides en capital

Provisions pour risques & charges

</td></tr>
<tr><td>

Actif Circulant

Créances à plus d'un an

Stocks

Créances à moins d'un an

Trésorerie disponible

Comptes de régularisations

</td><td>

Dettes

Dettes à plus d'un an

Dettes à moins d'un an

Dettes commerciales

Dettes fiscales, salariales et sociales

Autres dettes

Comptes de régularisations

</td></tr>
<tr><td>

TOTAL ACTIF

</td><td>

TOTAL PASSIF

</td></tr>
</table>

COMPTE DE RESULTAT

Chiffre d'affaires	
Consommables	
Services extérieurs	
Charges Externes	
Impôts & Taxes	
Salaires & charges sociales	
Dotations aux amortissements	
Charges d'exploitation	
Résultat d'exploitation	
Charges financières	
Résultat financier	
Résultat Courant	
Impôts sur les bénéfices	
Résultat Net	

TABLEAU DE FLUX DE TRESORERIE

Solde initial de trésorerie (1)	
Ventes de produits/services Achats de marchandises Loyer Electricité Salaires Charges Sociales Paiement d'intérêts bancaires TVA Impôts *= Flux de trésorerie opérationnels (2)*	
Vente d'actifs immobilisés Achat d'actifs immobilisés *= Flux de trésorerie d'investissement (3)*	
Apport en capital Prêt bancaire Subvention Versement de dividendes Remboursement d'emprunt (capital) *= Flux de trésorerie de financement (4)*	
Solde final de trésorerie (1) + (2) + (3) + (4)	

BILAN

ACTIF	PASSIF
Actif Immobilisé	**Capitaux Propres**
Frais d'établissement	Capital
Immo. Corporelles	Primes d'émission
Immo. Incorporelles	Plus-value de réévaluation
Immo. Financières	Réserves légales
	Autres réserves
	Résultats raportés
	Subsides en capital
	Provisions pour risques & charges
Actif Circulant	**Dettes**
Créances à plus d'un an	Dettes à plus d'un an
Stocks	Dettes à moins d'un an
Créances à moins d'un an	Dettes commerciales
Trésorerie disponible	Dettes fiscales, salariales et sociales
Comptes de régularisations	Autres dettes
	Comptes de régularisations
TOTAL ACTIF	**TOTAL PASSIF**

COMPTE DE RESULTAT

Chiffre d'affaires	
Consommables	
Services extérieurs	
Charges Externes	
Impôts & Taxes	
Salaires & charges sociales	
Dotations aux amortissements	
Charges d'exploitation	
Résultat d'exploitation	
Charges financières	
Résultat financier	
Résultat Courant	
Impôts sur les bénéfices	
Résultat Net	

TABLEAU DE FLUX DE TRESORERIE

Solde initial de trésorerie (1)	
Ventes de produits/services Achats de marchandises Loyer Electricité Salaires Charges Sociales Paiement d'intérêts bancaires TVA Impôts *= Flux de trésorerie opérationnels (2)*	
Vente d'actifs immobilisés Achat d'actifs immobilisés *= Flux de trésorerie d'investissement (3)*	
Apport en capital Prêt bancaire Subvention Versement de dividendes Remboursement d'emprunt (capital) *= Flux de trésorerie de financement (4)*	
Solde final de trésorerie (1) + (2) + (3) + (4)	

____
____
____
____
____
____
____

BILAN

ACTIF	PASSIF
Actif Immobilisé	**Capitaux Propres**
Frais d'établissement	Capital
Immo. Corporelles	Primes d'émission
Immo. Incorporelles	Plus-value de réévaluation
Immo. Financières	Réserves légales
	Autres réserves
	Résultats raportés
	Subsides en capital
	Provisions pour risques & charges
Actif Circulant	**Dettes**
Créances à plus d'un an	Dettes à plus d'un an
Stocks	Dettes à moins d'un an
Créances à moins d'un an	Dettes commerciales
Trésorerie disponible	Dettes fiscales, salariales et sociales
Comptes de régularisations	Autres dettes
	Comptes de régularisations
TOTAL ACTIF	**TOTAL PASSIF**

COMPTE DE RESULTAT

Chiffre d'affaires	
Consommables	
Services extérieurs	
Charges Externes	
Impôts & Taxes	
Salaires & charges sociales	
Dotations aux amortissements	
Charges d'exploitation	
Résultat d'exploitation	
Charges financières	
Résultat financier	
Résultat Courant	
Impôts sur les bénéfices	
Résultat Net	

TABLEAU DE FLUX DE TRESORERIE

Solde initial de trésorerie (1)	
Ventes de produits/services	
Achats de marchandises	
Loyer	
Electricité	
Salaires	
Charges Sociales	
Paiement d'intérêts bancaires	
TVA	
Impôts	
= Flux de trésorerie opérationnels (2)	
Vente d'actifs immobilisés	
Achat d'actifs immobilisés	
= Flux de trésorerie d'investissement (3)	
Apport en capital	
Prêt bancaire	
Subvention	
Versement de dividendes	
Remboursement d'emprunt (capital)	
= Flux de trésorerie de financement (4)	
Solde final de trésorerie (1) + (2) + (3) + (4)	

BILAN

ACTIF	PASSIF
Actif Immobilisé	**Capitaux Propres**
Frais d'établissement	Capital
Immo. Corporelles	Primes d'émission
Immo. Incorporelles	Plus-value de réévaluation
Immo. Financières	Réserves légales
	Autres réserves
	Résultats raportés
	Subsides en capital
	Provisions pour risques & charges
Actif Circulant	**Dettes**
Créances à plus d'un an	Dettes à plus d'un an
Stocks	Dettes à moins d'un an
Créances à moins d'un an	Dettes commerciales
Trésorerie disponible	Dettes fiscales, salariales et sociales
Comptes de régularisations	Autres dettes
	Comptes de régularisations
TOTAL ACTIF	**TOTAL PASSIF**

COMPTE DE RESULTAT

Chiffre d'affaires	
Consommables	
Services extérieurs	
Charges Externes	
Impôts & Taxes	
Salaires & charges sociales	
Dotations aux amortissements	
Charges d'exploitation	
Résultat d'exploitation	
Charges financières	
Résultat financier	
Résultat Courant	
Impôts sur les bénéfices	
Résultat Net	

TABLEAU DE FLUX DE TRESORERIE

Solde initial de trésorerie (1)	
Ventes de produits/services	
Achats de marchandises	
Loyer	
Electricité	
Salaires	
Charges Sociales	
Paiement d'intérêts bancaires	
TVA	
Impôts	
= Flux de trésorerie opérationnels (2)	
Vente d'actifs immobilisés	
Achat d'actifs immobilisés	
= Flux de trésorerie d'investissement (3)	
Apport en capital	
Prêt bancaire	
Subvention	
Versement de dividendes	
Remboursement d'emprunt (capital)	
= Flux de trésorerie de financement (4)	
Solde final de trésorerie (1) + (2) + (3) + (4)	

<u>Informations/données:</u>

____
____
____
____
____
____
____

<u>BILAN</u>

ACTIF	PASSIF
Actif Immobilisé	**Capitaux Propres**
Frais d'établissement	Capital
Immo. Corporelles	Primes d'émission
Immo. Incorporelles	Plus-value de réévaluation
Immo. Financières	Réserves légales
	Autres réserves
	Résultats raportés
	Subsides en capital
	Provisions pour risques & charges
Actif Circulant	**Dettes**
Créances à plus d'un an	Dettes à plus d'un an
Stocks	Dettes à moins d'un an
Créances à moins d'un an	Dettes commerciales
Trésorerie disponible	Dettes fiscales, salariales et sociales
Comptes de régularisations	Autres dettes
	Comptes de régularisations
TOTAL ACTIF	**TOTAL PASSIF**

COMPTE DE RESULTAT

Chiffre d'affaires	
Consommables	
Services extérieurs	
Charges Externes	
Impôts & Taxes	
Salaires & charges sociales	
Dotations aux amortissements	
Charges d'exploitation	
Résultat d'exploitation	
Charges financières	
Résultat financier	
Résultat Courant	
Impôts sur les bénéfices	
Résultat Net	

TABLEAU DE FLUX DE TRESORERIE

Solde initial de trésorerie (1)	
Ventes de produits/services	
Achats de marchandises	
Loyer	
Electricité	
Salaires	
Charges Sociales	
Paiement d'intérêts bancaires	
TVA	
Impôts	
= Flux de trésorerie opérationnels (2)	
Vente d'actifs immobilisés	
Achat d'actifs immobilisés	
= Flux de trésorerie d'investissement (3)	
Apport en capital	
Prêt bancaire	
Subvention	
Versement de dividendes	
Remboursement d'emprunt (capital)	
= Flux de trésorerie de financement (4)	
Solde final de trésorerie (1) + (2) + (3) + (4)	

____
____
____
____
____
____

BILAN

ACTIF	PASSIF
Actif Immobilisé	**Capitaux Propres**
Frais d'établissement	Capital
Immo. Corporelles	Primes d'émission
Immo. Incorporelles	Plus-value de réévaluation
Immo. Financières	Réserves légales
	Autres réserves
	Résultats raportés
	Subsides en capital
	Provisions pour risques & charges
Actif Circulant	**Dettes**
Créances à plus d'un an	Dettes à plus d'un an
Stocks	Dettes à moins d'un an
Créances à moins d'un an	Dettes commerciales
Trésorerie disponible	Dettes fiscales, salariales et sociales
Comptes de régularisations	Autres dettes
	Comptes de régularisations
TOTAL ACTIF	**TOTAL PASSIF**

COMPTE DE RESULTAT

Chiffre d'affaires	
Consommables	
Services extérieurs	
Charges Externes	
Impôts & Taxes	
Salaires & charges sociales	
Dotations aux amortissements	
Charges d'exploitation	
Résultat d'exploitation	
Charges financières	
Résultat financier	
Résultat Courant	
Impôts sur les bénéfices	
Résultat Net	

TABLEAU DE FLUX DE TRESORERIE

Solde initial de trésorerie (1)	
Ventes de produits/services	
Achats de marchandises	
Loyer	
Electricité	
Salaires	
Charges Sociales	
Paiement d'intérêts bancaires	
TVA	
Impôts	
= Flux de trésorerie opérationnels (2)	
Vente d'actifs immobilisés	
Achat d'actifs immobilisés	
= Flux de trésorerie d'investissement (3)	
Apport en capital	
Prêt bancaire	
Subvention	
Versement de dividendes	
Remboursement d'emprunt (capital)	
= Flux de trésorerie de financement (4)	
Solde final de trésorerie (1) + (2) + (3) + (4)	

____
____
____
____
____
____
____

BILAN

ACTIF	PASSIF
Actif Immobilisé	**Capitaux Propres**
Frais d'établissement	Capital
Immo. Corporelles	Primes d'émission
	Plus-value de réévaluation
Immo. Incorporelles	Réserves légales
	Autres réserves
Immo. Financières	Résultats raportés
	Subsides en capital
	Provisions pour risques & charges
Actif Circulant	**Dettes**
Créances à plus d'un an	Dettes à plus d'un an
Stocks	Dettes à moins d'un an
Créances à moins d'un an	Dettes commerciales
Trésorerie disponible	Dettes fiscales, salariales et sociales
Comptes de régularisations	Autres dettes
	Comptes de régularisations
TOTAL ACTIF	**TOTAL PASSIF**

COMPTE DE RESULTAT

Chiffre d'affaires	
Consommables	
Services extérieurs	
Charges Externes	
Impôts & Taxes	
Salaires & charges sociales	
Dotations aux amortissements	
Charges d'exploitation	
Résultat d'exploitation	
Charges financières	
Résultat financier	
Résultat Courant	
Impôts sur les bénéfices	
Résultat Net	

TABLEAU DE FLUX DE TRESORERIE

Solde initial de trésorerie (1)	
Ventes de produits/services	
Achats de marchandises	
Loyer	
Electricité	
Salaires	
Charges Sociales	
Paiement d'intérêts bancaires	
TVA	
Impôts	
= Flux de trésorerie opérationnels (2)	
Vente d'actifs immobilisés	
Achat d'actifs immobilisés	
= Flux de trésorerie d'investissement (3)	
Apport en capital	
Prêt bancaire	
Subvention	
Versement de dividendes	
Remboursement d'emprunt (capital)	
= Flux de trésorerie de financement (4)	
Solde final de trésorerie (1) + (2) + (3) + (4)	

BILAN

ACTIF	PASSIF
Actif Immobilisé	**Capitaux Propres**
Frais d'établissement	Capital
Immo. Corporelles	Primes d'émission
Immo. Incorporelles	Plus-value de réévaluation
Immo. Financières	Réserves légales
	Autres réserves
	Résultats raportés
	Subsides en capital
	Provisions pour risques & charges
Actif Circulant	**Dettes**
Créances à plus d'un an	Dettes à plus d'un an
Stocks	Dettes à moins d'un an
Créances à moins d'un an	Dettes commerciales
Trésorerie disponible	Dettes fiscales, salariales et sociales
Comptes de régularisations	Autres dettes
	Comptes de régularisations
TOTAL ACTIF	**TOTAL PASSIF**

COMPTE DE RESULTAT

Chiffre d'affaires	
Consommables	
Services extérieurs	
Charges Externes	
Impôts & Taxes	
Salaires & charges sociales	
Dotations aux amortissements	
Charges d'exploitation	
Résultat d'exploitation	
Charges financières	
Résultat financier	
Résultat Courant	
Impôts sur les bénéfices	
Résultat Net	

TABLEAU DE FLUX DE TRESORERIE

Solde initial de trésorerie (1)	
Ventes de produits/services Achats de marchandises Loyer Electricité Salaires Charges Sociales Paiement d'intérêts bancaires TVA Impôts *= Flux de trésorerie opérationnels (2)*	
Vente d'actifs immobilisés Achat d'actifs immobilisés *= Flux de trésorerie d'investissement (3)*	
Apport en capital Prêt bancaire Subvention Versement de dividendes Remboursement d'emprunt (capital) *= Flux de trésorerie de financement (4)*	
Solde final de trésorerie (1) + (2) + (3) + (4)	

Informations/données:

____

____

____

____

____

BILAN

ACTIF	PASSIF
Actif Immobilisé	**Capitaux Propres**
Frais d'établissement	Capital
Immo. Corporelles	Primes d'émission
Immo. Incorporelles	Plus-value de réévaluation
Immo. Financières	Réserves légales
	Autres réserves
	Résultats raportés
	Subsides en capital
	Provisions pour risques & charges
Actif Circulant	**Dettes**
Créances à plus d'un an	Dettes à plus d'un an
Stocks	Dettes à moins d'un an
Créances à moins d'un an	Dettes commerciales
Trésorerie disponible	Dettes fiscales, salariales et sociales
Comptes de régularisations	Autres dettes
	Comptes de régularisations
TOTAL ACTIF	**TOTAL PASSIF**

COMPTE DE RESULTAT

Chiffre d'affaires	
Consommables	
Services extérieurs	
Charges Externes	
Impôts & Taxes	
Salaires & charges sociales	
Dotations aux amortissements	
Charges d'exploitation	
Résultat d'exploitation	
Charges financières	
Résultat financier	
Résultat Courant	
Impôts sur les bénéfices	
Résultat Net	

TABLEAU DE FLUX DE TRESORERIE

Solde initial de trésorerie (1)	
Ventes de produits/services	
Achats de marchandises	
Loyer	
Electricité	
Salaires	
Charges Sociales	
Paiement d'intérêts bancaires	
TVA	
Impôts	
= Flux de trésorerie opérationnels (2)	
Vente d'actifs immobilisés	
Achat d'actifs immobilisés	
= Flux de trésorerie d'investissement (3)	
Apport en capital	
Prêt bancaire	
Subvention	
Versement de dividendes	
Remboursement d'emprunt (capital)	
= Flux de trésorerie de financement (4)	
Solde final de trésorerie (1) + (2) + (3) + (4)	

BILAN

ACTIF	PASSIF
Actif Immobilisé	**Capitaux Propres**
Frais d'établissement	Capital
Immo. Corporelles	Primes d'émission
Immo. Incorporelles	Plus-value de réévaluation
Immo. Financières	Réserves légales
	Autres réserves
	Résultats raportés
	Subsides en capital
	Provisions pour risques & charges
Actif Circulant	**Dettes**
Créances à plus d'un an	Dettes à plus d'un an
Stocks	Dettes à moins d'un an
Créances à moins d'un an	Dettes commerciales
Trésorerie disponible	Dettes fiscales, salariales et sociales
Comptes de régularisations	Autres dettes
	Comptes de régularisations
TOTAL ACTIF	**TOTAL PASSIF**

COMPTE DE RESULTAT

Chiffre d'affaires	
Consommables	
Services extérieurs	
Charges Externes	
Impôts & Taxes	
Salaires & charges sociales	
Dotations aux amortissements	
Charges d'exploitation	
Résultat d'exploitation	
Charges financières	
Résultat financier	
Résultat Courant	
Impôts sur les bénéfices	
Résultat Net	

TABLEAU DE FLUX DE TRESORERIE

Solde initial de trésorerie (1)	
Ventes de produits/services	
Achats de marchandises	
Loyer	
Electricité	
Salaires	
Charges Sociales	
Paiement d'intérêts bancaires	
TVA	
Impôts	
= Flux de trésorerie opérationnels (2)	
Vente d'actifs immobilisés	
Achat d'actifs immobilisés	
= Flux de trésorerie d'investissement (3)	
Apport en capital	
Prêt bancaire	
Subvention	
Versement de dividendes	
Remboursement d'emprunt (capital)	
= Flux de trésorerie de financement (4)	
Solde final de trésorerie (1) + (2) + (3) + (4)	

<u>Informations/données:</u>

____
____
____
____
____
____

BILAN

ACTIF	PASSIF
Actif Immobilisé	**Capitaux Propres**
Frais d'établissement	Capital
Immo. Corporelles	Primes d'émission
	Plus-value de réévaluation
Immo. Incorporelles	Réserves légales
	Autres réserves
Immo. Financières	Résultats raportés
	Subsides en capital
	Provisions pour risques & charges
Actif Circulant	**Dettes**
Créances à plus d'un an	Dettes à plus d'un an
Stocks	Dettes à moins d'un an
Créances à moins d'un an	Dettes commerciales
Trésorerie disponible	Dettes fiscales, salariales et sociales
Comptes de régularisations	Autres dettes
	Comptes de régularisations
TOTAL ACTIF	**TOTAL PASSIF**

COMPTE DE RESULTAT

Chiffre d'affaires	
Consommables	
Services extérieurs	
Charges Externes	
Impôts & Taxes	
Salaires & charges sociales	
Dotations aux amortissements	
Charges d'exploitation	
Résultat d'exploitation	
Charges financières	
Résultat financier	
Résultat Courant	
Impôts sur les bénéfices	
Résultat Net	

TABLEAU DE FLUX DE TRESORERIE

Solde initial de trésorerie (1)	
Ventes de produits/services Achats de marchandises Loyer Electricité Salaires Charges Sociales Paiement d'intérêts bancaires TVA Impôts *= Flux de trésorerie opérationnels (2)*	
Vente d'actifs immobilisés Achat d'actifs immobilisés *= Flux de trésorerie d'investissement (3)*	
Apport en capital Prêt bancaire Subvention Versement de dividendes Remboursement d'emprunt (capital) *= Flux de trésorerie de financement (4)*	
Solde final de trésorerie (1) + (2) + (3) + (4)	

<u>Informations/données:</u>

____
____
____
____
____
____
____

BILAN

ACTIF	**PASSIF**
Actif Immobilisé	**Capitaux Propres**
Frais d'établissement	Capital
Immo. Corporelles	Primes d'émission
Immo. Incorporelles	Plus-value de réévaluation
Immo. Financières	Réserves légales
	Autres réserves
	Résultats raportés
	Subsides en capital
	Provisions pour risques & charges
Actif Circulant	**Dettes**
Créances à plus d'un an	Dettes à plus d'un an
Stocks	Dettes à moins d'un an
Créances à moins d'un an	Dettes commerciales
Trésorerie disponible	Dettes fiscales, salariales et sociales
Comptes de régularisations	Autres dettes
	Comptes de régularisations
TOTAL ACTIF	**TOTAL PASSIF**

COMPTE DE RESULTAT

Chiffre d'affaires	
Consommables	
Services extérieurs	
Charges Externes	
Impôts & Taxes	
Salaires & charges sociales	
Dotations aux amortissements	
Charges d'exploitation	
Résultat d'exploitation	
Charges financières	
Résultat financier	
Résultat Courant	
Impôts sur les bénéfices	
Résultat Net	

TABLEAU DE FLUX DE TRESORERIE

Solde initial de trésorerie (1)	
Ventes de produits/services	
Achats de marchandises	
Loyer	
Electricité	
Salaires	
Charges Sociales	
Paiement d'intérêts bancaires	
TVA	
Impôts	
= Flux de trésorerie opérationnels (2)	
Vente d'actifs immobilisés	
Achat d'actifs immobilisés	
= Flux de trésorerie d'investissement (3)	
Apport en capital	
Prêt bancaire	
Subvention	
Versement de dividendes	
Remboursement d'emprunt (capital)	
= Flux de trésorerie de financement (4)	
Solde final de trésorerie (1) + (2) + (3) + (4)	

BILAN

ACTIF	PASSIF
Actif Immobilisé	**Capitaux Propres**
Frais d'établissement	Capital
Immo. Corporelles	Primes d'émission
Immo. Incorporelles	Plus-value de réévaluation
Immo. Financières	Réserves légales
	Autres réserves
	Résultats raportés
	Subsides en capital
	Provisions pour risques & charges
Actif Circulant	**Dettes**
Créances à plus d'un an	Dettes à plus d'un an
Stocks	Dettes à moins d'un an
Créances à moins d'un an	Dettes commerciales
Trésorerie disponible	Dettes fiscales, salariales et sociales
Comptes de régularisations	Autres dettes
	Comptes de régularisations
TOTAL ACTIF	**TOTAL PASSIF**

COMPTE DE RESULTAT

Chiffre d'affaires	
Consommables	
Services extérieurs	
Charges Externes	
Impôts & Taxes	
Salaires & charges sociales	
Dotations aux amortissements	
Charges d'exploitation	
Résultat d'exploitation	
Charges financières	
Résultat financier	
Résultat Courant	
Impôts sur les bénéfices	
Résultat Net	

TABLEAU DE FLUX DE TRESORERIE

Solde initial de trésorerie (1)	
Ventes de produits/services Achats de marchandises Loyer Electricité Salaires Charges Sociales Paiement d'intérêts bancaires TVA Impôts *= Flux de trésorerie opérationnels (2)*	
Vente d'actifs immobilisés Achat d'actifs immobilisés *= Flux de trésorerie d'investissement (3)*	
Apport en capital Prêt bancaire Subvention Versement de dividendes Remboursement d'emprunt (capital) *= Flux de trésorerie de financement (4)*	
Solde final de trésorerie (1) + (2) + (3) + (4)	

BILAN

ACTIF	PASSIF
Actif Immobilisé	**Capitaux Propres**
Frais d'établissement	Capital
Immo. Corporelles	Primes d'émission
Immo. Incorporelles	Plus-value de réévaluation
Immo. Financières	Réserves légales
	Autres réserves
	Résultats raportés
	Subsides en capital
	Provisions pour risques & charges
Actif Circulant	**Dettes**
Créances à plus d'un an	Dettes à plus d'un an
Stocks	Dettes à moins d'un an
Créances à moins d'un an	Dettes commerciales
Trésorerie disponible	Dettes fiscales, salariales et sociales
Comptes de régularisations	Autres dettes
	Comptes de régularisations
TOTAL ACTIF	**TOTAL PASSIF**

COMPTE DE RESULTAT

Chiffre d'affaires	
Consommables	
Services extérieurs	
Charges Externes	
Impôts & Taxes	
Salaires & charges sociales	
Dotations aux amortissements	
Charges d'exploitation	
Résultat d'exploitation	
Charges financières	
Résultat financier	
Résultat Courant	
Impôts sur les bénéfices	
Résultat Net	

TABLEAU DE FLUX DE TRESORERIE

Solde initial de trésorerie (1)	
Ventes de produits/services	
Achats de marchandises	
Loyer	
Electricité	
Salaires	
Charges Sociales	
Paiement d'intérêts bancaires	
TVA	
Impôts	
= Flux de trésorerie opérationnels (2)	
Vente d'actifs immobilisés	
Achat d'actifs immobilisés	
= Flux de trésorerie d'investissement (3)	
Apport en capital	
Prêt bancaire	
Subvention	
Versement de dividendes	
Remboursement d'emprunt (capital)	
= Flux de trésorerie de financement (4)	
Solde final de trésorerie (1) + (2) + (3) + (4)	

<u>Informations/données:</u>

____
____
____
____
____
____
____

BILAN

ACTIF	PASSIF
Actif Immobilisé	**Capitaux Propres**
Frais d'établissement	Capital
Immo. Corporelles	Primes d'émission
Immo. Incorporelles	Plus-value de réévaluation
Immo. Financières	Réserves légales
	Autres réserves
	Résultats raportés
	Subsides en capital
	Provisions pour risques & charges
Actif Circulant	**Dettes**
Créances à plus d'un an	Dettes à plus d'un an
Stocks	Dettes à moins d'un an
Créances à moins d'un an	Dettes commerciales
Trésorerie disponible	Dettes fiscales, salariales et sociales
Comptes de régularisations	Autres dettes
	Comptes de régularisations
TOTAL ACTIF	**TOTAL PASSIF**

COMPTE DE RESULTAT

Chiffre d'affaires	
Consommables	
Services extérieurs	
Charges Externes	
Impôts & Taxes	
Salaires & charges sociales	
Dotations aux amortissements	
Charges d'exploitation	
Résultat d'exploitation	
Charges financières	
Résultat financier	
Résultat Courant	
Impôts sur les bénéfices	
Résultat Net	

TABLEAU DE FLUX DE TRESORERIE

Solde initial de trésorerie (1)	
Ventes de produits/services Achats de marchandises Loyer Electricité Salaires Charges Sociales Paiement d'intérêts bancaires TVA Impôts ***= Flux de trésorerie opérationnels (2)***	
Vente d'actifs immobilisés Achat d'actifs immobilisés ***= Flux de trésorerie d'investissement (3)***	
Apport en capital Prêt bancaire Subvention Versement de dividendes Remboursement d'emprunt (capital) ***= Flux de trésorerie de financement (4)***	
Solde final de trésorerie (1) + (2) + (3) + (4)	

____
____
____
____
____
____
____

BILAN

ACTIF	PASSIF
Actif Immobilisé	**Capitaux Propres**
Frais d'établissement	Capital
Immo. Corporelles	Primes d'émission
Immo. Incorporelles	Plus-value de réévaluation
Immo. Financières	Réserves légales
	Autres réserves
	Résultats raportés
	Subsides en capital
	Provisions pour risques & charges
Actif Circulant	**Dettes**
Créances à plus d'un an	Dettes à plus d'un an
Stocks	Dettes à moins d'un an
Créances à moins d'un an	Dettes commerciales
Trésorerie disponible	Dettes fiscales, salariales et sociales
Comptes de régularisations	Autres dettes
	Comptes de régularisations
TOTAL ACTIF	**TOTAL PASSIF**

COMPTE DE RESULTAT

Chiffre d'affaires	
Consommables	
Services extérieurs	
Charges Externes	
Impôts & Taxes	
Salaires & charges sociales	
Dotations aux amortissements	
Charges d'exploitation	
Résultat d'exploitation	
Charges financières	
Résultat financier	
Résultat Courant	
Impôts sur les bénéfices	
Résultat Net	

TABLEAU DE FLUX DE TRESORERIE

Solde initial de trésorerie (1)	
Ventes de produits/services	
Achats de marchandises	
Loyer	
Electricité	
Salaires	
Charges Sociales	
Paiement d'intérêts bancaires	
TVA	
Impôts	
= Flux de trésorerie opérationnels (2)	
Vente d'actifs immobilisés	
Achat d'actifs immobilisés	
= Flux de trésorerie d'investissement (3)	
Apport en capital	
Prêt bancaire	
Subvention	
Versement de dividendes	
Remboursement d'emprunt (capital)	
= Flux de trésorerie de financement (4)	
Solde final de trésorerie (1) + (2) + (3) + (4)	

____
____
____
____
____
____

BILAN

ACTIF	PASSIF
Actif Immobilisé	**Capitaux Propres**
Frais d'établissement	Capital
Immo. Corporelles	Primes d'émission
Immo. Incorporelles	Plus-value de réévaluation
Immo. Financières	Réserves légales
	Autres réserves
	Résultats raportés
	Subsides en capital
	Provisions pour risques & charges
Actif Circulant	**Dettes**
Créances à plus d'un an	Dettes à plus d'un an
Stocks	Dettes à moins d'un an
Créances à moins d'un an	Dettes commerciales
Trésorerie disponible	Dettes fiscales, salariales et sociales
Comptes de régularisations	Autres dettes
	Comptes de régularisations
TOTAL ACTIF	**TOTAL PASSIF**

COMPTE DE RESULTAT

Chiffre d'affaires	
Consommables	
Services extérieurs	
Charges Externes	
Impôts & Taxes	
Salaires & charges sociales	
Dotations aux amortissements	
Charges d'exploitation	
Résultat d'exploitation	
Charges financières	
Résultat financier	
Résultat Courant	
Impôts sur les bénéfices	
Résultat Net	

TABLEAU DE FLUX DE TRESORERIE

Solde initial de trésorerie (1)	
Ventes de produits/services	
Achats de marchandises	
Loyer	
Electricité	
Salaires	
Charges Sociales	
Paiement d'intérêts bancaires	
TVA	
Impôts	
= Flux de trésorerie opérationnels (2)	
Vente d'actifs immobilisés	
Achat d'actifs immobilisés	
= Flux de trésorerie d'investissement (3)	
Apport en capital	
Prêt bancaire	
Subvention	
Versement de dividendes	
Remboursement d'emprunt (capital)	
= Flux de trésorerie de financement (4)	
Solde final de trésorerie (1) + (2) + (3) + (4)	

<u>Informations/données:</u>

____
____
____
____
____
____

<u>BILAN</u>

ACTIF	**PASSIF**
Actif Immobilisé	**Capitaux Propres**
Frais d'établissement	Capital
Immo. Corporelles	Primes d'émission
Immo. Incorporelles	Plus-value de réévaluation
Immo. Financières	Réserves légales
	Autres réserves
	Résultats raportés
	Subsides en capital
	Provisions pour risques & charges
Actif Circulant	**Dettes**
Créances à plus d'un an	Dettes à plus d'un an
Stocks	Dettes à moins d'un an
Créances à moins d'un an	Dettes commerciales
Trésorerie disponible	Dettes fiscales, salariales et sociales
Comptes de régularisations	Autres dettes
	Comptes de régularisations
TOTAL ACTIF	**TOTAL PASSIF**

COMPTE DE RESULTAT

Chiffre d'affaires	
Consommables	
Services extérieurs	
Charges Externes	
Impôts & Taxes	
Salaires & charges sociales	
Dotations aux amortissements	
Charges d'exploitation	
Résultat d'exploitation	
Charges financières	
Résultat financier	
Résultat Courant	
Impôts sur les bénéfices	
Résultat Net	

TABLEAU DE FLUX DE TRESORERIE

Solde initial de trésorerie (1)	
Ventes de produits/services	
Achats de marchandises	
Loyer	
Electricité	
Salaires	
Charges Sociales	
Paiement d'intérêts bancaires	
TVA	
Impôts	
= Flux de trésorerie opérationnels (2)	
Vente d'actifs immobilisés	
Achat d'actifs immobilisés	
= Flux de trésorerie d'investissement (3)	
Apport en capital	
Prêt bancaire	
Subvention	
Versement de dividendes	
Remboursement d'emprunt (capital)	
= Flux de trésorerie de financement (4)	
Solde final de trésorerie (1) + (2) + (3) + (4)	

____

____

____

____

____

____

BILAN

ACTIF	PASSIF
Actif Immobilisé	**Capitaux Propres**
Frais d'établissement	Capital
Immo. Corporelles	Primes d'émission
	Plus-value de réévaluation
Immo. Incorporelles	Réserves légales
	Autres réserves
Immo. Financières	Résultats raportés
	Subsides en capital
	Provisions pour risques & charges
Actif Circulant	**Dettes**
Créances à plus d'un an	Dettes à plus d'un an
Stocks	Dettes à moins d'un an
Créances à moins d'un an	Dettes commerciales
Trésorerie disponible	Dettes fiscales, salariales et sociales
Comptes de régularisations	Autres dettes
	Comptes de régularisations
TOTAL ACTIF	**TOTAL PASSIF**

COMPTE DE RESULTAT

Chiffre d'affaires	
Consommables	
Services extérieurs	
Charges Externes	
Impôts & Taxes	
Salaires & charges sociales	
Dotations aux amortissements	
Charges d'exploitation	
Résultat d'exploitation	
Charges financières	
Résultat financier	
Résultat Courant	
Impôts sur les bénéfices	
Résultat Net	

TABLEAU DE FLUX DE TRESORERIE

Solde initial de trésorerie (1)	
Ventes de produits/services Achats de marchandises Loyer Electricité Salaires Charges Sociales Paiement d'intérêts bancaires TVA Impôts *= Flux de trésorerie opérationnels (2)*	
Vente d'actifs immobilisés Achat d'actifs immobilisés *= Flux de trésorerie d'investissement (3)*	
Apport en capital Prêt bancaire Subvention Versement de dividendes Remboursement d'emprunt (capital) *= Flux de trésorerie de financement (4)*	
Solde final de trésorerie (1) + (2) + (3) + (4)	

____
____
____
____
____
____

BILAN

ACTIF	PASSIF
Actif Immobilisé	**Capitaux Propres**
Frais d'établissement	Capital
Immo. Corporelles	Primes d'émission
Immo. Incorporelles	Plus-value de réévaluation
Immo. Financières	Réserves légales
	Autres réserves
	Résultats raportés
	Subsides en capital
	Provisions pour risques & charges
Actif Circulant	**Dettes**
Créances à plus d'un an	Dettes à plus d'un an
Stocks	Dettes à moins d'un an
Créances à moins d'un an	Dettes commerciales
Trésorerie disponible	Dettes fiscales, salariales et sociales
Comptes de régularisations	Autres dettes
	Comptes de régularisations
TOTAL ACTIF	**TOTAL PASSIF**

COMPTE DE RESULTAT

Chiffre d'affaires	
Consommables	
Services extérieurs	
Charges Externes	
Impôts & Taxes	
Salaires & charges sociales	
Dotations aux amortissements	
Charges d'exploitation	
Résultat d'exploitation	
Charges financières	
Résultat financier	
Résultat Courant	
Impôts sur les bénéfices	
Résultat Net	

TABLEAU DE FLUX DE TRESORERIE

Solde initial de trésorerie (1)	
Ventes de produits/services	
Achats de marchandises	
Loyer	
Electricité	
Salaires	
Charges Sociales	
Paiement d'intérêts bancaires	
TVA	
Impôts	
= Flux de trésorerie opérationnels (2)	
Vente d'actifs immobilisés	
Achat d'actifs immobilisés	
= Flux de trésorerie d'investissement (3)	
Apport en capital	
Prêt bancaire	
Subvention	
Versement de dividendes	
Remboursement d'emprunt (capital)	
= Flux de trésorerie de financement (4)	
Solde final de trésorerie (1) + (2) + (3) + (4)	

<u>Informations/données:</u>

____

____

____

____

____

____

BILAN

ACTIF	PASSIF
Actif Immobilisé	**Capitaux Propres**
Frais d'établissement	Capital
Immo. Corporelles	Primes d'émission
Immo. Incorporelles	Plus-value de réévaluation
Immo. Financières	Réserves légales
	Autres réserves
	Résultats raportés
	Subsides en capital
	Provisions pour risques & charges
Actif Circulant	**Dettes**
Créances à plus d'un an	Dettes à plus d'un an
Stocks	Dettes à moins d'un an
Créances à moins d'un an	Dettes commerciales
Trésorerie disponible	Dettes fiscales, salariales et sociales
Comptes de régularisations	Autres dettes
	Comptes de régularisations
TOTAL ACTIF	**TOTAL PASSIF**

COMPTE DE RESULTAT

Chiffre d'affaires	
Consommables	
Services extérieurs	
Charges Externes	
Impôts & Taxes	
Salaires & charges sociales	
Dotations aux amortissements	
Charges d'exploitation	
Résultat d'exploitation	
Charges financières	
Résultat financier	
Résultat Courant	
Impôts sur les bénéfices	
Résultat Net	

TABLEAU DE FLUX DE TRESORERIE

Solde initial de trésorerie (1)	
Ventes de produits/services	
Achats de marchandises	
Loyer	
Electricité	
Salaires	
Charges Sociales	
Paiement d'intérêts bancaires	
TVA	
Impôts	
= Flux de trésorerie opérationnels (2)	
Vente d'actifs immobilisés	
Achat d'actifs immobilisés	
= Flux de trésorerie d'investissement (3)	
Apport en capital	
Prêt bancaire	
Subvention	
Versement de dividendes	
Remboursement d'emprunt (capital)	
= Flux de trésorerie de financement (4)	
Solde final de trésorerie (1) + (2) + (3) + (4)	

____
____
____
____
____
____

BILAN

ACTIF	PASSIF
Actif Immobilisé	**Capitaux Propres**
Frais d'établissement	Capital
Immo. Corporelles	Primes d'émission
Immo. Incorporelles	Plus-value de réévaluation
Immo. Financières	Réserves légales
	Autres réserves
	Résultats raportés
	Subsides en capital
	Provisions pour risques & charges
Actif Circulant	**Dettes**
Créances à plus d'un an	Dettes à plus d'un an
Stocks	Dettes à moins d'un an
Créances à moins d'un an	Dettes commerciales
Trésorerie disponible	Dettes fiscales, salariales et sociales
Comptes de régularisations	Autres dettes
	Comptes de régularisations
TOTAL ACTIF	**TOTAL PASSIF**

COMPTE DE RESULTAT

Chiffre d'affaires	
Consommables	
Services extérieurs	
Charges Externes	
Impôts & Taxes	
Salaires & charges sociales	
Dotations aux amortissements	
Charges d'exploitation	
Résultat d'exploitation	
Charges financières	
Résultat financier	
Résultat Courant	
Impôts sur les bénéfices	
Résultat Net	

TABLEAU DE FLUX DE TRESORERIE

Solde initial de trésorerie (1)	
Ventes de produits/services	
Achats de marchandises	
Loyer	
Electricité	
Salaires	
Charges Sociales	
Paiement d'intérêts bancaires	
TVA	
Impôts	
= Flux de trésorerie opérationnels (2)	
Vente d'actifs immobilisés	
Achat d'actifs immobilisés	
= Flux de trésorerie d'investissement (3)	
Apport en capital	
Prêt bancaire	
Subvention	
Versement de dividendes	
Remboursement d'emprunt (capital)	
= Flux de trésorerie de financement (4)	
Solde final de trésorerie (1) + (2) + (3) + (4)